¿Qué está haciendo la Iglesia por los católicos divorciados y casados de nuevo?

por James Castelli
traducido por Juan Carlos Hechavarría

© 1980 Claretian Publications, 221 West Madison Street,
Chicago, Illinois 60606.
Derechos Reservados.

ISBN: 0-89570-188-X

primera edición, febrero 1980

Ilustraciones: portada y página 1.—Robert Charles Brown,
página 4.—Agimantas Kezys, S.J., páginas 14 y 34.—Ed Lettau.

Claretian Publications

¿Qué está haciendo la Iglesia por los católicos divorciados y casados de nuevo?

por James Castelli
traducido por Juan Carlos Hechavarría

Definiendo el problema 5

La posición de la Iglesia 7

"Todos parecen haber perdido algo" 15

Comenzando de nuevo 22

Los tribunales matrimoniales y las anulaciones 26

Un asunto de conciencia 35

Más vale precaver 41

Definiendo
el problema

"Es un diluvio. Las compuertas se han abierto. Por un tiempo buscábamos dedos con que tapar las rupturas en el dique, pero todo fue en vano. En la actualidad el matrimonio está frecuentemente tan lleno de dolor, corrupción y penas que la familia parece ser el desastre número uno de nuestra sociedad. Esto hace llorar a cualquiera". Así es como el Padre John Finnegan, ex-presidente de la Sociedad Norteamericana de Derecho Canónico, ve el matrimonio y el divorcio en el mundo de hoy.

¿Exagerado? Quizás, aunque no cabe duda que el porcentaje de divorcios está más alto que nunca. El número de divorcios llegó al millón en 1975, y desde entonces cada año el número no ha bajado del millón. En los Estados Unidos solamente ocurre un divorcio por cada dos matrimonios.

Por un estudio que hizo el Padre Lawrence Wrenn de Hartford se descubrió que 120,000 matrimonios católicos válidos acabaron en divorcio civil en 1973. El Arzobispo Joseph Bernardin, de la ciudad de Cincinnati, en Ohio, a fines de 1973, calculaba que habían cinco millones de católicos divorciados, y que la mitad de ellos se había casado de nuevo.

La reacción de la comunidad católica ante el aumento del número de católicos divorciados ha sido tan dramática como el aumento en sí. Entre los católicos divorciados mismos ha habido una gran reacción. Han emergido de la oscuridad y están demandando sus derechos dentro de la Iglesia. Algunos se enojan al verse excluídos de la vida de la Iglesia. Y otros luchan por más derechos y comprensión para sus problemas. El surgimiento de agrupaciones de católicos divorciados ha sido uno de los movimientos recientes más importantes de la Iglesia. A principios de 1974 existían 40 grupos, a mediados de 1976 habían 176, y a mediados del 1977 ya habían más de 400.

Aún más sorprendente que el surgimiento de estos grupos ha sido la reacción oficial de la Iglesia. En los tribunales matrimoniales se han simplificado los procedimientos de anulación que permiten a los católicos divorciados casarse de nuevo por la Iglesia. Un número de diócesis, entre ellas grandes archidiócesis como Detroit, en Michigan, y Newark, en New Jersey, han creado oficinas especiales para desempeñar el ministerio a católicos divorciados.

En el mes de mayo de 1977 los obispos estadounidenses tomaron la decisión histórica de pedirle al Vaticano permiso (que fue otorgado) para abandonar la práctica de la excomunión automática que existía en los Estados Unidos para los católicos divorciados que se volvían a casar estando el primer matrimonio todavía vigente a los ojos de la Iglesia. Puede que el abandono de la práctica de la excomunión automática tenga poco efecto práctico aunque no deja de ser un importante gesto simbólico para los católicos divorciados porque les está dando a entender, como dijera el Arzobispo Peter Gerety de Newark, que "Dios nos ama a todos por igual".

Después de esta acción simbólica, un número de diócesis iniciaron agresivas campañas para atraer a los católicos divorciados a los tribunales matrimoniales a ver si podían validar sus segundos matrimonios. En varios periódicos diocesanos aparecieron artículos que insinuaban que los tribunales estaban dispuestos a procesar y a otorgar numerosas anulaciones y que a los católicos divorciados se les daría acogida de nuevo en la Iglesia "al por mayor".

Aunque este libro no es una guía oficial del matrimonio y el divorcio dentro de la Iglesia Católica, sí es un sincero intento por ver cómo es que el divorcio afecta al pueblo católico y cómo es que éste y la Iglesia lo sobrellevan.

Al escribirse este libro se tiene en mente a tres grupos determinados; los católicos separados, divorciados y casados de nuevo, interesados en saber cuál es su posición en la Iglesia de hoy; los sacerdotes y otros profesionales de la Iglesia que trabajan con personas separadas, divorciadas y vueltas a casar, así como con sus familias; y la gente que convive con católicos divorciados, ya sea en las parroquias, en las escuelas o en los centros de trabajo.

No es una casualidad que estos tres grupos sean representativos de toda la comunidad católica. Aunque la situación sea tal que de cada seis católicos uno esté divorciado, pocos católicos-y aún menos entre los no-católicos-comprenden la situación del divorciado en la Iglesia.

Estos temas se discutirán en los capítulos siguientes: las enseñanzas de la Iglesia respecto al matrimonio y el divorcio, los problemas a los que se enfrentan los católicos separados, divorciados y vueltos a casar, cómo recuperarse después del divorcio, cómo funcionan (¡y cómo no funcionan!) los tribunales matrimoniales; la posibilidad de soluciones de conciencia para los católicos divorciados y vueltos a casar; y cómo pueden prevenirse algunos fracasos matrimoniales.

La posición de la Iglesia

Lupe se sintió aniquilada cuando ella y su esposo por fin decidieron separarse. Para ambos éste fue un período extremadamente penoso. Como cualquiera que estuviera en su posición, Lupe necesitaba toda la ayuda y el apoyo que estuvieran a su alcance. Sin embargo, ella sentía que ya no podía recurrir a aquella fuente de apoyo que representaba tanto para ella.

"No puedo participar en los sacramentos, se quejaba con una íntima amiga, porque la Iglesia dice que uno no puede separarse".

7

Lupe estaba equivocada al pensar esto. Por lo menos se equivocaba al creer que su separación la excluía de participar en los sacramentos. Y además se equivocaba porque pensaba que la Iglesia no acepta a los separados y a los divorciados.

Lupe es una más de tantos católicos separados y divorciados que equivocadamente creen que han sido excluídos de la Iglesia. Una autoridad diocesana dedicada a desempeñar el ministerio entre los divorciados, descubrió que alrededor del 90% de los miembros de grupos de católicos divorciados creían que estaban excluídos de la vida sacramental de la Iglesia, cuando en realidad no lo estaban.

La verdad es que la mayoría de los católicos creen que conocen lo que la Iglesia enseña respecto al matrimonio y el divorcio, pero en realidad muy pocos lo saben. La Iglesia enseña que todo matrimonio válido consumado entre cristianos adultos es indisoluble mientras que ambos cónyuges estén vivos.

El separarse o el divorciarse, ¿impide acaso que una persona pueda participar de los sacramentos? No; "una vez que el divorcio se convierte en realidad para un católico, explica la diócesis de Cleveland, Ohio, es importante que él o ella siga participando de los sacramentos como fuente de continuo apoyo espiritual. La Iglesia no condena al que obtiene un divorcio civil".

Y, casarse de nuevo después de un divorcio, ¿impide acaso que una persona participe de los sacramentos? Esto no siempre es así. Existen varias formas por las que los católicos divorciados y vueltos a casar pueden participar de los sacramentos. La primera, evidentemente es si el cónyuge ha muerto. La segunda es que la Iglesia otorga sus propios "divorcios" en dos casos, según explica Monseñor Stephen Kelleher, distinguido perito y crítico de las leyes matrimoniales de la Iglesia. El primer caso se conoce como el *privilegio paulino* en honor a San Pablo que permitió esa clase de divorcio poco después de la muerte de Cristo. La Nueva Enciclopedia Americana (en inglés; New Catholic Encyclopedia) nos explica que el privilegio paulino es el derecho a disolver el lazo matrimonial contraído entre dos personas no bautizadas después del Bautismo de uno de los cónyuges y la negativa del otro cónyuge a vivir en la paz. La Iglesia también otorga un "divorcio" cuando el matrimonio no ha sido consumado, es decir, cuando el esposo y la esposa no han tenido relaciones sexuales.

Hasta hace unos pocos años, según Monseñor Kelleher, la Iglesia otorgaba más "divorcios" que anulaciones. Una anulación de la Iglesia significa que la misma ha declarado el matrimonio inválido o nulo. Esto se hace por medio de los tribunales, y hay muchas causales por las que se puede anular un matrimonio. El hecho que una pareja haya sido casada por un sacerdote católico en una ceremonia católica no siempre quiere decir que el matrimonio sea válido.

Los católicos divorciados que se han vuelto a casar estando el primer matrimonio todavía vigente a los ojos de la Iglesia pueden recuperar el derecho a participar de los sacramentos mediante una *solución de conciencia* que les permita participar de los sacramentos sea cual sea el estado del primer matrimonio a los ojos de la Iglesia.

Las anulaciones y las soluciones de conciencia se discutirán detalladamente más adelante. El punto a subrayar aquí es que la Iglesia Católica se preocupa por los divorciados y los divorciados vueltos a casar, más de lo que muchas personas (católicos inclusive) piensan.

Una prueba de esta preocupación es el cambio que hubo en la Iglesia católica estadounidense respecto a la práctica de la excomunión automática de los católicos que se volvían a casar estando su primer matrimonio aún vigente a los ojos de la Iglesia. Después que los obispos estadounidenses votaron a favor de abandonar esta práctica, el Obispo Cletus O'Donnell, de la Diócesis de Madison, en el estado de Wisconsin, que es presidente del Comité de Asuntos Canónicos de los Obispos Estadounidenses, trató de explicar cómo se estableció y por qué se eliminó la excomunión:

> Para comprender esta decisión es necesario entender las sanciones de la Iglesia. A la mayoría de las infracciones de las leyes de la Iglesia, y ciertamente a la mayoría de las transgresiones morales, las leyes de la Iglesia no les específica sanción. Esto último difiere mucho de las leyes civiles en que cada regulación indica qué sanción se impondrá al infractor.
>
> Sin embargo, algunas veces las leyes de la Iglesia sí señalan sanción, debido a la extrema gravedad de la in-

fracción o acción pecaminosa, o para evitar que dicho acto no sea una infracción. En 1884 los obispos estadounidenses en el Tercer Concilio Plenario de Baltimore decidieron que el volver a casarse después de un divorcio, lo cual estaba prohibido en aquella época, como ahora, traería consigo la pena de excomunión.

La excomunión es la más severa de las sanciones de la Iglesia. Trae consigo la exclusión de la comunidad de los fieles, el no poder participar de los sacramentos, ser excluído de las oraciones públicas de la Iglesia, no poder tener cargos en la Iglesia, etc.

La excomunión es una pena tan severa que nunca se impone como simple castigo o en retribución y siempre lleva consigo una invitación al arrepentimiento y a la reconciliación con Dios y con la Iglesia.

Después de mucho estudio y reflexión, los obispos de los Estados Unidos han concluído que la eliminación de la excomunión, que ya no se aplica en otros países, ayudará a cicatrizar heridas y a la reconciliación con muchos católicos vueltos a casar después de un divorcio.

En una homilía para católicos divorciados poco después de que los obispos votaran a favor de la supresión de la excomunión, el Arzobispo Peter Gerety de Newark, New Jersey, explicó por qué se impuso la excomunión en un principio:

En aquellos tiempos los católicos constituían una minoría en este país; una minoría en conflicto. Por todas partes se veían peligros para la santidad del matrimonio, el hogar y la familia. La ley se estableció para preservar las enseñanzas del Señor respecto a la indisolubilidad del matrimonio y para fortalecer la estabilidad del hogar.

Nuestra mentalidad moderna es muy distinta a la que predominaba en 1884. Han habido grandes cambios en la sociedad y en la Iglesia. Nos hemos dado cuenta que la solución no es imponer el estigma de la excomunión. Tenemos una visión más clara del hecho de que la mayoría de las personas que se divorcian y se vuelven a casar no actúan así porque estén en abierta oposición a la Iglesia o porque tengan intenciones de separarse del Cuerpo de Cristo.

Cuando las personas actúan así, más bien lo que sienten es dolor y sufrimiento. Con frecuencia son las verdaderas víctimas de nuestra sociedad tan movible donde mucho de lo que antes servía de apoyo a las familias ya no existe. Entonces, ¿con qué fin perseguimos proclamar que dichas personas están fuera de la Iglesia? Pero, no hablemos de excomuniones, más bien hablemos de ayudarnos unos a otros, de vendar heridas, de reconciliar a los miembros de esta gran familia de Dios.

El Obispo O'Donnell describe los resultados prácticos de abandonar la práctica de la excomunión:

Esto acoge de nuevo en la comunidad de creyentes en Cristo a todos aquellos que pudieran haber quedado separados por la excomunión. Les ofrece una participación en todas las oraciones públicas de la comunidad de la Iglesia, les devuelve el derecho a participar en los servicios de la Iglesia y elimina ciertas restricciones canónicas respecto a su participación en la vida de la Iglesia. Es una promesa de ayuda y apoyo en la solución al problema de la vida en familia. Quizás lo más importante es que constituye un gesto de amor y reconciliación por parte de los demás miembros de la Iglesia.

Aquellos que se han vuelto a casar y han sufrido la pena de la excomunión deberían ver en dicha decisión una genuina invitación de parte de la comunidad de la Iglesia. Queda de parte de los excomulgados dar el paso siguiente; acercarse a los párrocos y a los tribunales diocesanos para ver si es posible volver a la completa comunión eucarística. Nadie debería vacilar en pedir la ayuda de párrocos y tribunales diocesanos.

Quizás para muchos católicos divorciados el impacto que un mejor entendimiento de la naturaleza del matrimonio ha tenido en las actitudes de la Iglesia hacia los divorciados es aún más importante que la eliminación de la excomunión automática. Aunque la

Iglesia todavía enseña que el matrimonio válido consumado entre dos cristianos es indisoluble, la Iglesia se ha vuelto mucho más perspicaz en su entendimiento de lo que se requiere para que un matrimonio sea válido.

El desenvolvimiento más sobresaliente en este asunto implica dos conceptos: *contrato* y *alianza*. La Iglesia ha dejado de ver al matrimonio como un contrato al que se llega de golpe, considerarlo como una alianza, una relación que crece con el paso del tiempo.

Este cambio de enfoque se ratificó en el Segundo Concilio Vaticano a comienzos de la década del 60. "Desde el punto de vista del Concilio", dice el Padre John Finnegan de la Sociedad de Derecho Canónico, "la unión matrimonial no se deriva de las disposiciones legales, sino de la vida. La estabilidad debe existir en el plano psicológico y el moral, así como en el judicial. El amor matrimonial también tiene que crecer en el descubrimiento gradual y mutuo de la pareja a través de los sentidos, las emociones, la mente, el corazón y el espíritu. Tiene que pasar del nivel preparatorio a la más alta consolidación de la comunión personal en que la razón y el albedrío desempeñen su función principal".

El Padre Cornelius ver der Poel, jefe de la Oficina de Vida Familiar de la Archidiócesis de Detroit, escribe lo siguiente en el periódico diocesano *The Michigan Catholic:*

Un contrato es un acuerdo entre personas sobre cosas o sobre acciones (como en un contrato laboral). Es un acuerdo ratificado por la autoridad humana. Así como por acuerdo mutuo se hace un contrato, por acuerdo mutuo se puede disolver.

Una alianza contiene algo más. Más que un simple acuerdo mutuo y una responsabilidad mutua, es un acuerdo concerniente a la dedicación personal. Incluye el proceso de crecer y desarrollarse juntos, cuidándose, ayudándose y dándose ánimo mutuamente. La palabra *alianza,* bien interpretada, significa una entrega total y una preocupación sincera por la otra persona más que por cosas o acciones.

Una alianza matrimonial requiere madurez, explica van der Poel, y la presencia o falta de madurez a la hora de establecer la alianza matrimonial puede convertirse en un factor clave al determinar si el matrimonio es válido o no. La madurez, continúa van der Poel, significa un grado de crecimiento que permite que una pareja se compenetre de tal manera que cada uno experimente un sentido de valor y de dignidad personal y un sentido de seguridad mucho más profundo.

El psicólogo Harry Stack Sullivan ha dado una definición de lo que es una relación amorosa madura. "Cuando el contento, la seguridad y el crecimiento de la otra persona llegan a ser tan importantes como el contento, la seguridad y el crecimiento propio, entonces sí hay amor".

Según van der Poel, en una relación amorosa madura, cada cónyuge desea expresar, y así lo hace, su interés por las necesidades del otro; ninguno de los dos cónyuges humilla al otro. "Si a un individuo no se le permite vivir su propia vida de acuerdo a sus convicciones más íntimas", señala van der Poel, "entonces una verdadera comunión de vida se imposibilita".

A continuación él añade que muchos matrimonios se deterioran cuando la persona "en vez de recibir del cónyuge respeto al valor y a la dignidad personal obtiene un rechazo. En vez de ser un motivo de alegría, el vivir juntos se convierte en motivo de ansiedad y descontento".

Como lo demuestran estas opiniones, la opinión de la Iglesia respecto a la realidad humana del matrimonio y el divorcio se ha vuelto muy perspicaz. El Arzobispo Gerety captó el espíritu de esta nueva forma de pensar. "Las enseñanzas del Señor sobre el matrimonio deben defenderse. ¡Desde luego!, pero por otro lado, como hay muchas causas de desorganización en nuestras vidas, hoy somos más comprensivos que en años pasados. El propósito de nuestro ministerio para los divorciados y los separados es tratar de demostrarles por todos los medios que el Señor nos ama pase lo que pase".

"Todos parecen haber perdido algo"

"Cada vez que voy a la reunión de un grupo de católicos divorciados o de *Padres sin Cónyuges* (Parents Without Partners), reflexionaba Olga (una católica que ha estado divorciada desde hace dos años) me sorprende el hecho de que todo el mundo allí se ve totalmente derrotado, perdido, como si hubieran perdido algo".

Lo que han perdido, en un plano, es el esposo o la esposa. Pero en otro plano mucho más profundo, todas las personas divorciadas pierden algo del sentido de identidad. Los casados acostumbran a verse a sí mismos como cónyuges, o padres o madres de familia. Después del divorcio, el cónyuge se marcha, el hogar ya no es hogar, y puede que hasta los hijos también estén ausentes parte del tiempo. El concepto que la persona divorciada tenía de sí misma cambia totalmente.

La pérdida de un concepto favorable sobre uno mismo y los problemas que surgen a causa de un divorcio tienden a ser mayores para los católicos que para los no-católicos. Esto se debe a que los católicos no sólo sufren los mismos problemas de todos los divorciados, sino también toda una serie de problemas que surgen precisamente por el hecho de ser católicos.

Sin embargo, es necesario entender los sentimientos de la gente desde antes del divorcio. No todos los divorcios causan el mismo grado de trauma. Muchos divorcios provienen de

15

un sentimiento de frustración que va creciendo. Esta frustración viene acompañada del sentimiento de que el marido y la mujer ya no representan nada el uno para el otro. Entonces la soledad, así como la ansiedad y la inseguridad, se apoderan del individuo.

Ningún ser humano puede sentirse bien estando inseguro, señala van der Poel, especialmente cuando esta inseguridad está ligada al concepto de sí mismo. Este sentimiento de inseguridad interna lleva a un estado de agresividad defensiva, y una de las formas más efectivas de defenderse uno mismo es atacar al otro, y poco a poco las acusaciones empiezan a aparecer por doquier, hasta que el anhelo de complacer se convierte en ansias de hacer daño, y los hijos pasan a ser un arma más.

El Padre James Young, pionero del ministerio a los católicos divorciados a comienzos de la década del 70, describe cómo los católicos y los no-católicos se enfrentan al divorcio.

Muchos católicos llegaron al matrimonio con más o menos la misma preparación que la mayoría de la gente; o sea, *muy poca*. Muchos de ellos empezaron la vida matrimonial con mucho idealismo, pero con el tiempo los cónyuges descubrieron que simplemente eran incompatibles, ¡eran tan distintos en todo! No es que su experiencia como matrimonio fuera hostil o destructora, sino simplemente *vacía*. Se vieron como hombres y mujeres mal preparados para satisfacer las necesidades humanas y emocionales del otro cónyuge. Así que, después de hacer la prueba, decidieron divorciarse. Muchos dicen que se sienten como que en realidad nunca hubo un matrimonio porque nunca tuvieron esa relación de apoyo y compañía amorosa que todos esperamos de la vida matrimonial.

En otros matrimonios las parejas se pasan la vida peleando. Otros nunca tuvieron esperanzas porque no tuvieron en qué apoyarse al tratar de resolver tales problemas como la movilidad en el trabajo, los cambios en el papel del hombre y la mujer en el matrimonio, los problemas étnicos, tragedias, tales como la muerte de hijos u otros seres queridos y problemas como el alcoholismo y la depresión.

Aunque muchas personas sienten alivio al obtener el divorcio, van der Poel señala que este alivio casi siempre viene acompañado de sufrimiento. "El divorcio duele porque no es como la terminación de una relación comercial. El divorcio es el fracaso de la unión completa de las vidas de dos personas. Usualmente un profundo sentido del valor personal como hombre o mujer va conectado al matrimonio. Cuando este profundo sentido del valor personal falta, entonces los cónyuges con frecuencia sienten que han fracasado como hombre y como mujer".

Los divorciados tienen también que adaptarse a vivir con miedo y ansiedad, según expresa Bill Thralls, miembro del grupo de católicos divorciados de Omaha, Nebraska. ¿Y si él no puede pagar la pensión para los hijos?, ¿y si ella gasta dinero en los niños sin tener ingresos?, ¿y si ella no gasta mi pensión para los niños en ellos?, y así sucesivamente. Sí, es cierto que estas cosas pueden pasar. Pero cuando no pasan, hemos estado sufriendo innecesariamente. Al enfrentarnos al miedo, éste usualmente disminuye.

Si bien es cierto que los sentimientos de pérdida, fracaso, horror y culpa son bastante abstractos, los divorciados también se enfrentan a problemas muy concretos y mundanos que representan una amenaza a la capacidad para seguir adelante. Una mujer que no ha trabajado fuera del hogar por 20 años, de pronto se ve en la necesidad de trabajar fuera del hogar para poder mantener a su familia; un marido divorciado puede que no tenga medios para mantener dos hogares; y puede que existan problemas también al hacer ajustes en la actividad sexual de los cónyuges que se han divorciado. Una reciente encuesta sobre actitudes en la familia demostró que los padres y madres sin cónyuges dudan mucho más de su capacidad como progenitores, que los padres y madres con cónyuges.

Y sobre todo, el proceso del divorcio civil parece que ha sido creado para hacer que el divorcio "duela aún más", no menos, aunque la situación actual sea algo mejor de como estaba antes de que se adoptaran leyes de divorcio "sin culpa" en la mayoría de los estados de este país.

"Tuve que perjurarme para obtener el divorcio", se queja Hilda. "Mi marido y yo estábamos de acuerdo en divorciarnos, pero la única razón que podíamos usar era el adulterio, así que tuve que acusarlo de engañarme y él se declaró culpable por tal de obtener el divorcio aunque en realidad nunca hubo tal adulterio".

En el sistema de divorcio "sin culpa" se tiene la opción de usar el consentimiento mutuo como única razón para el divorcio o de usarla junto con otras razones que se emplean tradicionalmente en los divorcios. Pero el sistema de divorcio "sin culpa" aún deja bastante que desear. Por ejemplo, uno de los cónyuges puede ir a otro estado y obtener un divorcio "sin culpa" dejando al otro cónyuge sin derecho a poder demandar ayuda económica o pensiones para los hijos.

Según Ann Garfinkle, abogado de Washington, D.C., el problema es que los estados han adoptado las cláusulas de divorcio "sin culpa" de la *Ley de Matrimonio y Divorcio Uniforme* recomendadas por la Junta Nacional de Comisionados, sin adoptar las recomendaciones económicas de dicha Ley. Esa sección de recomendaciones económicas requeriría que los tribunales examinaran la duración del matrimonio, la edad, salud, capacidad de trabajo y las necesidades de ambos padres antes de llegar a un arreglo de finanzas.

"Hay mujeres que después de dedicar de 15 a 20 años a un matrimonio están saliendo *sin nada*", dice la Sra. Garfinkle. "Algunas veces preferiría volver al divorcio por causal. Las mujeres salían mejor".

Un estudio hecho por el Instituto Urbano reveló que sólo el 40% de madres divorciadas, separadas y no-casadas recibía algún tipo de ayuda económica de los padres de sus hijos; y muchas de las que sí recibían pagos, los recibían con poca frecuencia.

Pero las mujeres no son las únicas que se quejan del sistema de divorcio actual. Los hombres tienen dos problemas: el dinero y los hijos. Los hombres divorciados se están volviendo más agresivos al demandar derechos respecto a sus hijos. Actualmente sólo el 6% de los hombres divorciados obtiene guarda y custodia de sus hijos, y los hombres han empezado un ataque legal a la ley que da por sentado que los hijos se deben entregar automáticamente a la madre después del divorcio. La cuestión de la guarda y custodia de los hijos se hace más y más candente. Esto ha dado lugar a un nuevo tipo de crimen, el cónyuge que secuestra a su hijo de manos del otro cónyuge.

Otra queja es que muchos hombres entienden que, sin que fuera necesario, han sido arruinados económicamente debido a arreglos económicos injustos. No cabe duda que en un divorcio los hijos sufren por los problemas de sus padres, por el miedo, la ansiedad, la culpabilidad, la ira y el horror que causa todo lo que ven. Sin la ayuda y apoyo apropiado, es de esperarse que estos niños tengan problemas propios.

Todas estas cosas por sí mismas serían más que suficiente para cualquiera, pero los católicos divorciados aún tienen que enfrentarse a problemas más difíciles.

Examinemos estos incidentes recientes:

• un católico activo en su parroquia fue obligado a renunciar a su posición en la directiva de la parroquia por haberse divorciado.

• un nuevo diácono permanente que deseaba trabajar con los católicos divorciados, en vez de ser asignado a ese trabajo, fue asignado a trabajar enseñando cursos de preparación matrimonial en una diócesis que ni siquiera había reconocido a un gran número de católicos divorciados que ya existía.

• una católica divorciada fue despedida de su empleo de secretaria-recepcionista de una oficina diocesana de educación por casarse de nuevo sin haber obtenido la anulación del primer matrimonio. La razón que se dio para esto fue que la diócesis no empleaba a todo aquél que no cumpliera las normas de su propia Iglesia. La mujer se había casado con un metodista, e irónicamente, hubiera podido conservar su trabajo si se hubiera hecho metodista porque en ese caso, en la nueva Iglesia no iba a estar desobedeciendo ninguna norma.

Otro gran problema con el que se enfrentan los católicos divorciados es que la mayoría de los sacerdotes no saben qué hacer con ellos.

"La mayor deficiencia del sistema actual, según dice un miembro de la Sociedad de Derecho Canónico, es que muchos sacerdotes no consideran la atención a los católicos divorciados como cuestión de prioridad, y que en todos los años que han estado en el ministerio han tenido poco contacto con los tribunales de matrimonio e ignoran el cuidado pastoral que deben recibir los divorciados.

Esto no solamente priva a la gente de una posible reivindicación de sus derechos, sino que además crea una atmósfera en la que no hay lugar para los católicos divorciados. Ellos están descorazonados y se alejan de nosotros en masa con la impresión de que somos de corazón endurecido, unos falsos santurrones y que la nuestra es una iglesia inflexible.

Sin la sincera aprobación del párroco de la parroquia donde la persona reside, explica van der Poel, una verdadera reconciliación se dificulta y la tranquilidad de espíritu se hace casi imposible. El divorcio es un estado humano muy triste, *pero no es un pecado*. El divorcio no es un estado que hay que ver con repugnancia. Es una situación humana dolorosa que requiere una profunda reconciliación con uno mismo, con Dios y con nuestros semejantes''.

''Todo en nuestra parroquia está orientado hacia la familia'', es una queja común entre los que nunca se han casado y también entre los divorciados. ''No es que la gente sea cruel, señala una mujer divorciada, sino que uno mira a los demás y si nunca han estado divorciados uno piensa, *no pueden comprenderme*. Ellos no lo excluyen a uno, uno mismo es quien se excluye''.

Los asuntos de padre-hijo y madre-hija también causan problemas en las familias con un solo cónyuge. Las escuelas católicas continúan haciendo hincapié en la familia intacta excluyendo a otra clase de familia, a pesar de que de cada cuatro estudiantes que asisten a las escuelas católicas, uno proviene de un hogar con un solo cónyuge. Esta es aproximadamente la misma proporción de las escuelas públicas.

Los niños se ven afectados cuando sus padres se sienten excluidos de la Iglesia. ''La Iglesia no sólo pierde a la persona divorciada'', explica Consuelo (separada de su esposo desde hace mucho tiempo) ''sino más bien puede ser que pierda a toda una familia''. Los católicos divorciados en particular son sensitivos a lo que ellos consideran como la *hipocresía* de la Iglesia hacia los divorciados. Estos tres puntos salen a relucir una y otra vez:

Primero, los católicos divorciados ven que hay católicos que aunque no llevan vidas cristianas siguen siendo católicos y en buenas relaciones con la Iglesia. "Sé de una mujer cuyo matrimonio es terrible", nos cuenta una mujer divorciada, "se reúne con hombres en bares y se va a la casa con ellos, pero recibe la comunión todos los domingos sin falta". Muchos católicos divorciados creen que la gente que es más estricta con el divorcio y menos dispuesta a perdonar a los divorciados probablemente tienen un matrimonio infeliz.

La tercera área puede que sea la más llena de emociones, porque comprende las actitudes de la Iglesia respecto a los católicos casados fuera de la Iglesia. En breves palabras, la Iglesia trata al católico casado fuera de la Iglesia como a alguien que nunca se ha casado. Si dicha persona obtiene un divorcio, él o ella tiene derecho a casarse por la Iglesia cuando decida casarse de nuevo, mientras que el católico que se casó por la Iglesia y luego se divorció, tiene que recurrir al tribunal de matrimonio para poder volver a casarse por la Iglesia.

Pero el descontento por las leyes eclesiásticas no es la única emoción fuerte que se apodera de los católicos divorciados. "El sentimiento de fracaso es especialmente agudo entre los católicos", explica Young. El desacuerdo con la educación religiosa de la niñez y las reglas de comportamiento, con frecuencia están convencidos de que han fracasado como cristianos y por no haber cooperado con la gracia de los sacramentos. Esto explica por qué tantos católicos divorciados y separados se alejan de la Iglesia cuando termina el matrimonio.

Consuelo, separada, pero no divorciada todavía, describe la situación de su marido. "El quería divorciarse, pero yo no. Pero desde que nos separamos, hace años ya, él ha estado alejado de la Iglesia, y yo sé cuánto esto debe dolerle".

"Sí, la gente hace eso", reflexionaba Olga, la que al principio hablaba de que la gente parecía haber perdido algo. "Ellos mismos se castigan".

Comenzando de nuevo

El Padre James Young describe sus impresiones de un largo retiro de fin de semana para católicos divorciados que tuvo lugar en Filadelfia. "Les dije que sentía una gran emoción después de haber compartido tanto con ellos durante el fin de semana y después de haber oído sus historias personales. Les dije que estaba maravillado por su coraje y sinceridad; profundamente impresionado por su continua lucha por hacer lo que es correcto para un cristiano y así poder reconstruir sus vidas, y conmovido por la sencillez con que hablaban de la presencia de Dios en sus vidas".

Cuando se examinan todos los problemas con que se enfrentan los católicos divorciados, a veces es fácil pensar que están desamparados y sin esperanza alguna. Pero para muchos católicos divorciados el divorcio representa una segunda oportunidad que no quieren dejar pasar. Lo más irónico del divorcio es que por un lado es un trauma que todo el mundo quiere evitar, aunque por otro lado es una oportunidad para crecer y renacer. Es más, hace algunos años se hablaba del "divorcio constructivo" y parecía que el divorcio estaba de moda, que era algo que todo el mundo debería probar. Sin embargo la novedad parece haber pasado, y cada vez más personas se dan cuenta de que en el segundo matrimonio hay tantos problemas como en el primero, y hasta mucha gente ha empezado a darse cuenta que se puede crecer y renacer también en el primer matrimonio.

Esto no significa que el divorcio no ofrece una oportunidad para crecer. El Padre Gordon Dickey, ministro de católicos divorciados señala que las personas divorciadas tienen que decidir cómo van a cambiar su modo de vida. Además, los divorciados deben comprender los papeles que ellos mismos desempeñaron en la ruptura de sus propios matrimonios.

A menos que las personas divorciadas comprendan en qué se equivocaron en el primer matrimonio, cometerán los mismos errores en el segundo matrimonio. Los divorciados, además de comprender su papel en la ruptura del matrimonio, deben reponerse del dolor y el trauma del divorcio. Mel Krantzles en su libro *Divorcio Constructivo* ofrece una lista que ayuda a determinar cuándo es que el divorciado se ha repuesto del trauma.

• cuando el resentimiento y el encono hacia el ex-cónyuge dejan de ser una obsesión de 24 horas al día y van disminuyendo hasta que son solamente destellos de cólera no frecuentes.

• cuando gastamos menos tiempo en quejarnos de los problemas y más en tratar de resolverlos.

• cuando comenzamos a ponernos en contacto con viejos amigos y a hacer nuevas amistades y nos damos cuenta de que no tenemos nada de que avergonzarnos.

• cuando nos damos cuenta de que no somos los únicos que nos hemos divorciado alguna vez, de que otras personas tan normales como nosotros han tenido el valor de acabar un matrimonio lleno de infelicidad.

• cuando acabamos por aceptar el divorcio como la única solución posible a un matrimonio destructivo y no como un castigo por haber fracasado.

• cuando empezamos a hacer decisiones según nuestros propios gustos e intereses.

En más de 20 diócesis de los Estados Unidos existe algún tipo de ministerio oficial para los católicos separados y divorciados, usualmente como parte de las oficinas diocesanas de vida familiar. Generalmente las oficinas diocesanas trabajan con grupos locales de católicos separados y divorciados. Estos grupos han ayudado mucho a la gente. ''Antes de unirme al grupo yo creía que era la única persona que había pasado por todo lo que yo he pasado y sentido lo que yo he sentido''. Esta es una observación muy común.

Los grupos de católicos divorciados son grupos de ayuda en que personas con problemas similares se ayudan unos a otros y tratan de resolver determinados problemas. ''La Iglesia es muy importante para muchos católicos'', explica el Padre Young, ''debido a que gran parte de la vergüenza que sienten se deriva del hecho de que son católicos y por haber experimentado el desdén de otros católicos con frecuencia''.

Estos grupos están surgiendo por todo el país. Según algunos cálculos existían más de 500 a mediados del 1977. Muchos están afiliados a la Junta Norteamericana de Católicos Separados y Divorciados, una organización que mantiene a los grupos locales en contacto unos con otros y que es a la vez portavoz de asuntos de importancia para los católicos separados y divorciados a nivel nacional.

El Padre Young, que ayudó a fundar algunos de los primeros grupos a comienzos de la década del 70, los describe como grupos que enseñan cómo uno puede *ayudarse a sí mismo*. El Padre Young también explica que estos grupos trabajan bajo el principio de que la mayoría de la gente divorciada es gente sana y solamente necesita apoyo y ánimo para pasar por un período penoso. Pero los grupos necesitan el respaldo de profesionales que puedan identificar a la gente verdaderamente necesitada de ayuda adicional.

Estos grupos de ayuda existen en varias formas, y son más eficaces cuando son pequeños, de ocho a diez personas. En parte son grupos de conversación e intercambio en los que la gente tiene oportunidad de "contar su historia". Young cree asimismo que es esencial que estos grupos estén compuestos de hombres y mujeres, aunque más mujeres que hombres tienden a unirse a ellos. Los mismos católicos separados y divorciados están de acuerdo con esto. "A veces el escuchar lo que dicen algunos de los hombres miembros de mi grupo", explica Elena, "me doy cuenta de que así debió haberse sentido mi marido".

El Padre Young explica que el tener hombres y mujeres en el mismo grupo evita que se formen estereotipos negativos sobre el sexo opuesto. También ésto los ayuda a llevarse mejor con el ex-cónyuge e, indirectamente, es una ayuda para los hijos.

Usualmente los grupos son dirigidos por un sacerdote que actúa de *lazo* entre el grupo y la Iglesia. Muchos de estos católicos divorciados han estado alejados de la Iglesia por muchos años. El Padre Young dice que los grupos hasta tienen que poner anuncios en la prensa secular porque la gente que más necesita de ellos ya ni siquiera lee la prensa católica.

Por lo menos uno de estos grupos está dirigido por un laico y Young cree que dentro de poco habrán más laicos encabezando grupos. Muchas personas después de haber recibido ayuda de estos grupos se quedan para ayudar a otros. La mayoría de los grupos de católicos separados y divorciados siguen lo que Young llama la *norma educacional,* o sea, dar información sobre los medios de ayuda que existen en la comunidad, maneras de sobrellevar la situación y demás. Por ejemplo, en los grupos de la Archidiócesis de Newark, en New Jersey, se han discutido los siguientes temas: *Solos en un mundo de casados, La sensualidad y la persona separada o divorciada, El problema económico y cómo aceptar que los niños se pasen el fin de semana con papá,* entre otros.

Los grupos de ayuda también proporcionan actividades sociales para sus miembros. Muchos divorciados pierden contacto con sus amigos casados y necesitan nuevas actividades sociales. Las fiestas, los picnics y otras actividades semejantes ayudan a la gente a pasar mejor por un período tan difícil. Una nota interesante: Young dice que él nunca ha visto el caso de que dos personas que se conocieran en uno de estos grupos de católicos divorciados acabaran casándose. Es más, él cree que uno de los logros más importantes de los grupos de ayuda es evitar que ciertos segundos matrimonios ocurran.

"Cada vez más los investigadores sociales nos dicen que para la mayoría de los hombres y las mujeres que han sufrido el dolor de la ruptura de un matrimonio, la verdadera cura, sin duda alguna, es un segundo matrimonio". Pero añade, "Existe el peligro muy real de apresurarse a entrar en un segundo matrimonio por razones equivocadas. El grupo de católicos divorciados puede ser el medio ideal donde la persona divorciada tenga tiempo para remediar los problemas que resultaron de la ruptura del primer matrimonio".

El aumento del número de estos grupos es una de las mejores cosas que pudieran ocurrir en la Iglesia hoy. Aún así, muy pocos de los millones de católicos separados y divorciados de los Estados Unidos han sido miembros de uno de estos grupos. Pero los mismos pueden tener un impacto más grande aún que la ayuda que algunos individuos puedan recibir, ya que estos grupos representan la fuerza de voluntad y la determinación de personas que creen que el divorcio no es el fin del mundo, sino una oportunidad más para crecer.

Los tribunales matrimoniales y las anulaciones

Actualmente hay más anulaciones que nunca. En 1969 en los Estados Unidos se otorgaron 700 anulaciones; 7000 en 1974; 15,000 en 1975 y 18,000 en 1976. Muchas personas, incluso eminentes abogados canónicos, creen—para bien o para mal—que se puede anular cualquier matrimonio malogrado que llegue ante el tribunal.

Pero los tribunales se han convertido en una fuente de controversias para la Iglesia de hoy. Los conservadores creen que los tribunales son demasiado liberales al otorgar anulaciones; los reformadores quieren seguir liberalizando los tribunales para hacerlos más sensibles a las necesidades de la gente; y muchos creen que los tribunales nunca podrán realizar lo que en verdad hace falta, y que hasta puede que estén haciendo más daño que bien.

Antes de dilucidar estos argumentos, es necesario comprender los cambios que han ocurrido en los mismos tribunales. Han habido grandes cambios: una nueva serie de reglas, conocidas como *normas de procedimientos judiciales estadounidenses* que simplifican el proceso de anulación; y la ampliación de las causales de anulación que consideran al matrimonio como una *alianza*.

Las *normas de prodecimientos judiciales estadounidenses* contienen tres grandes innovaciones:

1) Un juez por sí solo puede fallar en un proceso de anulación. Anteriormente se necesitaban tres jueces.

2) Según las reglas antiguas, toda decisión que otorgaba la anulación tenía que ser revisada por un tribunal superior. Por ejemplo, todas las anulaciones otorgadas por el tribunal de Brooklyn, en Nueva York. Bajo las nuevas normas, solamente se revisa la decisión de otorgar la anulación cuando el defensor de la alianza cree que la decisión es injusta.

3) Bajo la nueva ley, cualquiera de las dos personas puede optar por obtener la anulación en la diócesis donde se celebró el matrimonio, la diócesis donde cualquiera de los dos residan, o en una diócesis donde un juez decida que su tribunal es el más adecuado para tratar el caso.

Los abogados de Derecho Canónico de los Estados Unidos temen que la aprobación de un nuevo código de Derecho Canónico suprima las *normas de procedimientos judiciales estadounidenses.* Ellos creen que si esto ocurre, los tribunales estadounidenses perderían su poder.

El énfasis en el matrimonio como alianza ha facilitado un nuevo entendimiento de lo que se necesita para formar un matrimonio válido. El Padre Michael Higgins, funcionario del tribunal de San Diego, expresó en el periódico diocesano *The Southern Cross* que debido a un enfoque más compasivo y pastoral sobre la anulación, el obtener una anulación "es mucho más fácil de lo que muchos católicos creen".

El Padre Higgins mencionó entre las causales de anulación más usadas hoy en día:

- la intención de no tener hijos.
- la falta de consentimiento, o sea, consentir al matrimonio de mala voluntad, como por ejemplo, cuando la novia está embarazada.
- la celebración del matrimonio por fuerza o temor.
- los cónyuges no entienden las obligaciones o responsabilidades del matrimonio.
- las intenciones de ser infiel en el matrimonio (desde antes de casarse).
- la falta de intención de formar un matrimonio permanente.
- las enfermedades mentales, el alcoholismo o problemas psicosexuales, como la homosexualidad.

Se calcula que actualmente el 90% de los casos ante los tribunales tienen que ver con cuestiones de falta de discreción, que es necesaria para formar un matrimonio. En este caso, *discreción* se refiere a la capacidad de entender y saber cumplir, según expresa el Padre John Dolciamore, funcionario del Tribunal de Chicago. Y añade: "Hay una diferencia entre saber todo lo que hay que saber del matrimonio y estar preparado a aceptar y cumplir con las obligaciones del mismo''.

Según Dolciamore, en las anulaciones se está usando cada vez menos la razón de falta de consentimiento y cada vez más la razón de falta de discreción.

Cada tribunal tiene su propio nombre para esta razón. Se le ha llamado de muchas formas: falta de discreción necesaria, incapacidad psíquica, irregularidad psíquica, incapacidad conceptual o impotencia moral''.

Dolciamore señala que, llámese como se llame, el procedimiento es el mismo, ''determinar si el matrimonio en cuestión es nulo o inválido debido a graves factores psicológicos, de personalidad o comportamiento.

Muchos tribunales perfeccionan ésto aún más, usando como causal lo que Dolciamore llama *incapacidad relativa.* En un caso de incapacidad relativa, ''una persona no está apta para el matrimonio con un cónyuge en particular, pero es posible que dicha persona, su cónyuge, o ambos estén aptos para el matrimonio con otro cónyuge sin mucha dificultad''. Dolciamore expresa que en una encuesta que él hizo se demostró que en varios tribunales el 80% o más de los casos se resolvieron así.

Aunque la incapacidad para el matrimonio es ahora una razón común de anulación, es raro que un tribunal prohiba a una persona casarse de nuevo debido a esa incapacidad. En algunos casos, el tribunal requiere un examen psiquiátrico antes de que la persona pueda casarse de nuevo. A pesar de que son raros los programas de consejeros para después de la anulación, la diócesis de Worcester tiene un programa excelente en cooperación con la agencia diocesana de Caridades Católicas.

Muchos creen que se puede anular cualquier matrimonio por razones de incapacidad e inmadurez. En realidad no es tan difícil probar que alguien era inmaduro durante el matrimonio o no entendía bien todas las obligaciones y cambios que ocurren en un matrimonio con el paso del tiempo.

''Así como está todo en la actualidad'', explica Kelleher, ''en algunos tribunales, cualquier buen abogado canónico puede obtener la anulación para cualquier persona cuyo matrimonio se haya desintegrado''.

Pero el Padre Thomas Green, experto en derecho canónico de la Universidad Católica de América (en Washington, D.C.) no está de acuerdo. El comprende que es difícil obtener la anulación en muchos casos, pero señala que hay quienes ni siquiera están dispuestos a poner de su parte para que un matrimonio triunfe, y que este tipo de persona generalmente no recibe anulación.

La razón principal por la que se debe apoyar a los tribunales es que los tribunales son el vehículo oficial de la Iglesia para tratar los matrimonios con problemas. Además, existe una razón práctica: muchos católicos, especialmente los que se educaron antes del Segundo Concilio Vaticano no están conformes con el procedimiento de *solución de conciencia*. Ellos prefieren que la Iglesia simplemente apruebe o condene ciertas acciones.

Aún los defensores más tenaces del sistema de tribunales reconocen que se han de enfrentar con severas limitaciones prácticas. Hace unos años en una encuesta de la Sociedad de Derecho Canónico se descubrió que:

- el 30 por ciento de los tribunales en los Estados Unidos no cuenta con suficiente personal.
- un 25 por ciento no cuenta con ningún empleado licenciado en Derecho Canónico.
- un 54 por ciento tiene un solo empleado o ninguno trabajando la jornada completa.
- el 71 por ciento ha expresado que lo que más necesita es personal
- solamente el 10 por ciento dice que el apoyo del Obispo es el recurso más grande con que cuentan.
- solamente el 26 por ciento reúne el mínimo de requisitos que todos los tribunales de Derecho Canónico deben reunir.

La Sociedad de Derecho Canónico también descubrió que los tribunales no iban a bastar para atender al número de católicos que se divorcian cada año. Si, como se calcula, 120,000 matrimonios católicos válidos terminan en divorcio civil cada año, y los tribunales otorgan actualmente alrededor do 18,000 anulaciones al año, lo que significa que el cúmulo de casos por tratar, que ya llega a los millones, aumenta por la cifra de 100,000 cada año.

"El sistema de tribunales de los Estados Unidos está a punto de desintegrarse" concluye el estudio de la Sociedad de Derecho Canónico. "Aún con las *normas de procedimientos judiciales estadounidenses* el sistema no puede atender a las necesidades de muchas personas. Concluimos que una mejora del sistema actual no llevaría a nada. Cuando un tribunal empieza a trabajar bien, dando esperanzas a los sacerdotes y a la gente, de pronto se ve literalmente abrumado con solicitudes de más casos".

A mediados de 1977 Green dijo que habían habido algunas mejoras en el número y en la eficiencia con que se trataban los casos. Pero reconoció que las conclusiones de la Sociedad de Derecho Canónico eran aún válidas".

Otro problema que tienen los tribunales es la "moralidad geográfica," o lo que la Sociedad de Derecho Canónico ha llamado, "el pluralismo que separa". En parte, ésto se refiere al hecho de que algunos tribunales diocesanos tienen más empleados y más fondos que otros. Pero, más importante aún, se refiere al hecho de que algunas diócesis rehusan otorgar anulaciones por las mismas razones que otras las otorgan.

Dolciamore dice asimismo que no todas las personas en las distintas regiones del país tienen la misma oportunidad de poder usar la razón de falta de discreción. "La anulación por incapacidad de aceptar y cumplir con las principales obligaciones del matrimonio es ciertamente válida", expresó en una reunión de la Sociedad de Derecho Canónico. "Pero es un hecho que algunos tribunales, aún entre los más pequeños, están realizando una labor excepcional con esta razón y están procesando un gran número de dichos casos, mientras que otros tribunales, incluso hasta los más grandes, están haciendo bastante poco en esta área".

Algunos católicos divorciados insisten en que los tribunales causan más problemas de los que resuelven. "La cosa era degradante", explica Rosa, que retiró su solicitud de anulación a mediados del proceso. Su caso parecía ser de los que tienen éxito. A pesar del hecho de que tuvieron cuatro hijos, su marido, "aún desde antes de casarse, nunca quizo tener hijos, ni pudo nunca acostumbrarse a ellos".

"Primeramente, era mucho trabajo", dice Rosa describiendo el procedimiento del tribunal, "y en realidad me parecía ridículo que no hubiera forma de que yo obtuviera la anulación, sin tener que decir un montón de cosas de mi marido que en realidad yo no sentía y no tenía derecho a decir. En realidad el proceso no es más que insultarse uno a otro, cosa que me pareció degradante para ambos. Entonces se me ocurrió pensar que ya a estas alturas, ¿qué más da si la Iglesia nos otorga la anulación o no?''

Consuelo está aún más opuesta a los tribunales, pero por una razón algo diferente. "No tengo intenciones de solicitar la anulación", dice. "Siempre he estado en contra de ellas. Me parece que son degradantes. Ante todo, no me gusta el término. Tengo tres hijos, y no voy a permitir que nadie venga a decirme que no estuve casada sabiendo yo muy bien que sí lo estuve. Es mucho más honesto decir que estuve casada, y que todo terminó, que decir que nunca estuve casada".

El ataque más grave a los tribunales lo ha hecho Kelleher. En cierto modo él está de acuerdo con Consuelo. "No puedo imaginar que un especialista considere que es beneficioso decirle a un paciente que nunca estuvo casado".

El procedimiento de los tribunales se distingue por la inhumanidad y la falta de comprensión, según la acusación que Kelleher hace en un artículo en la revista *Commonweal*.

"Para que un hombre obtenga la anulación tiene que decir que su mujer no estaba apta para el matrimonio porque era esquizofrénica, alcohólica crónica, lesbiana, psicópata o porque era inmadura, sin discreción, o sumamente neurótica. De una forma u otra, él debe declarar que en el día de la boda ella estaba espiritual o mentalmente baldada, que no estaba apta para dar o recibir afecto marital, que no estaba apta para ser esposa o para aceptarlo a él como esposo. Igualmente, la mujer que quiera obtener la anulación tiene que describir a su marido con palabras o frases insultantes".

Kelleher también sostiene que la Iglesia, en sus ansias de evitar una "epidemia de divorcios", ha creado en su lugar una "epidemia de anulaciones" con los tribunales. "En un ambiente así algunas parejas que pasan por períodos críticos en sus matrimonios puede que empiecen a especular si en verdad están casados o no. Tal especulación es profundamente destructiva para la promesa de permanencia. La abolición del tribunal'', concluye Kelleher, ''sería una bendición''.

Green reconoce que algunas de las críticas de Kelleher se pueden aplicar a algunos tribunales, pero no a todos. ''Se está haciendo cada vez más difícil hacer generalizaciones respecto a los tribunales, debido a las grandes diferencias existentes de diócesis en diócesis''.

Green reconoce además que existe el peligro de usar frases y expresiones psicológicas y que quizás a veces no somos tan cuidadosos con nuestras expresiones como deberíamos serlo''. Pero también dice que ''se trata conscientemente de evitar insultos. No es nuestro deber diagnosticar a la gente. El juicio del tribunal no es una diagnosis. Lo que nos interesa es saber si una persona estaba apta o no para formar un matrimonio válido, no el porqué''.

Cada vez es más difícil hacer generalizaciones respecto a los tribunales, pero algunas cosas sí están bien claras. Los tribunales todavía están en un estado de cambio; algunos son más liberales que otros al otorgar anulaciones. No parece ser probable que los tribunales por sí solos desempeñen el trabajo que tiene que hacerse.

No importa lo que uno piense del sistema de tribunales, éste es el sistema al que hay que acudir para obtener la anulación. El procedimiento puede diferir de diócesis a diócesis, aunque no es de esperarse que ninguno difiera grandemente del modelo siguiente. Los tribunales cobran una cantidad mínima por sus servicios, y hacen arreglos en caso que sea imposible pagar.

1) Idealmente el proceso de anulación debería empezar antes del segundo matrimonio. La persona debe acudir al sacerdote, quien le ayudará a ponerse en contacto con el tribunal. Si hay alguna razón para creer que el sacerdote no nos ayudará, nos podemos poner en contacto con el tribunal nosotros mismos.

2) El tribunal invita a los solicitantes a una entrevista o les da unas planillas para que las llenen (con la ayuda del párroco si hace falta) para ver si existen motivos para una anulación. Se pide a los solicitantes que describan sus relaciones con sus cónyuges, desde el noviazgo, pasando por el matrimonio, el alejamiento, la separación, el divorcio, y la vida después del divorcio.

3) Basándose en este primer contacto, se les pide que proporcionen una lista de testigos, (amigos y familiares) que puedan dar información respecto al caso. También se les pide que entreguen cualquier documento que tengan, judicial, de trabajo, etc. pertinente al caso.

4) El tribunal se pondrá en contacto con los testigos, probablemente mediante entrevistas y cuestionarios, y les hace una serie de preguntas relacionadas a la causal que se piensa usar, como por ejemplo, falta de consentimiento o falta de entendimiento en el momento de formarse el matrimonio.

5) Generalmente se avisa al otro cónyuge y se le explica el proceso, pero usualmente ellos no participan directamente.

6) Puede que el tribunal le pida al solicitante que acuda a un consejero matrimonial o a un psicólogo.

7) Cuando se tiene toda la información, se envía a un profesional, psicólogo, psiquíatra, o trabajador social psiquiátrico que coopere con el tribunal, con una lista de preguntas relacionadas con la razón que se va a usar.

8) Cuando el profesional devuelve este material al tribunal, un intercesor del solicitante escribe un alegato resumiendo las razones por las que se debe declarar nulo el matrimonio. Puede que un defensor de la alianza arguya que el matrimonio es válido y por lo menos tratará de definir y clarificar las razones para la anulación. Todo esto puede hacerse oralmente o por escrito, usualmente en ausencia del solicitante.

9) Si el juez del tribunal aprueba la anulación, se manda a revisar al *Secretariado para Católicos Divorciados y Separados de la Junta Nacional de Obispos Católicos en Washington, D.C.* Es muy raro que el secretariado revoque una decisión.

Idealmente, el proceso dura alrededor de ocho meses desde el primer contacto con el sacerdote hasta obtener la aprobación final de Washington. Algunas diócesis se demoran un poco menos. El Tribunal de San Diego ha juramentado a 53 intercesores laicos e informa que puede fallar en un caso de anulación en dos meses. Otras diócesis se demoran hasta dos años.

Un asunto
de conciencia

"Cuando me preguntan sobre la comunión para los católicos divorciados y casados de nuevo," dice el Padre Edgar Holden, encargado del ministerio para los católicos divorciados y casados de nuevo en la Archidiócesis de Newark, en New Jersey, "siempre respondo de la misma manera. Primero, cito el Código de Derecho Canónico que dice que el que se haya casado de nuevo irregularmente no puede participar de la Eucaristía. Entonces digo, ¿hay algunas excepciones a esta regla? y contesto a mi propia pregunta diciendo que cada caso debe juzgarse por sí solo, y que cuando tal excepción aparece, siento gusto en ver si se le puede dar una solución pastoral: lo que llamamos, resolución de *foro interno*. Al hacer esto pienso que me estoy basando en sólidos fundamentos teológicos. Hay muchas personas en matrimonios irregulares cuyas vidas cristianas justifican una solución favorable a este problema.

La solución de *foro interno* también se conoce como *de conciencia*, o *de fe válida* porque el foro interno es la conciencia. Por ejemplo, un caso resuelto en un tribunal de matrimonio se dice haber sido resuelto en el *foro externo*". Cuando los católicos divorciados, cuyos primeros matrimonios están todavía vigentes a los ojos de la Iglesia, se casan de nuevo en una ceremonia civil por "una sincera decisión de conciencia. . .la Iglesia puede aceptar, y desde luego acepta, sus decisiones de conciencia. Esto significa que la Iglesia no rechaza a tales personas como pecadores''.

Las parejas en situaciones semejantes no pueden participar de los sacramentos indiferente o arbitrariamente. Por ejemplo, un sacerdote casi nunca dará permiso a tal persona para que participe de los sacramentos, sino que hará énfasis en la importancia de la conciencia, ayudará a otros a llegar a una decisión y les informará que él aceptará su decisión de acercarse a los sacramentos.

Según Cornelius van der Poel, para que una pareja pueda participar de la comunión en una situación así, debe reconocer que la primera relación conyugal está completamente perdida y demostrar que el segundo matrimonio está realmente destinado a ser una unión permanente, y que tiene las indicaciones humanas de ser una unión completa. Además, la pareja tiene que tener cuidado de que su unión y su participación en los sacramentos de Reconciliación y Eucaristía no escandalicen a los demás.

''El escándalo, explica van der Poel, no significa que algunas cejas se alcen, o que algunos santurrones se enfaden. Existe escándalo cuando las acciones de algunos cristianos demuestran una falta de respeto por la permanencia del matrimonio o por la santidad del sacramento de la Reconciliación y la Eucaristía''.

La interpretación tradicional de las enseñanzas de la Iglesia dice que las personas divorciadas en segundos matrimonios irregulares no pueden participar de los sacramentos. Pero cada vez más un mayor número de teólogos se están convenciendo de que las cuestiones de la indisolubilidad del matrimonio y el derecho a participar de la Eucaristía no son inseparables.

El Padre jesuíta y teólogo moral Richard Mc Cormick discutió esta cuestión en una importante conferencia hace algunos años. Dijo que el permitir que algunos católicos en segundos matrimonios irregulares participaran de los sacramentos era mejor que el daño que se les podría hacer al tenerlos alejados de la Eucaristía.

Estos eran algunos de sus argumentos:

Primero, muchos católicos en segundos matrimonios irregulares sinceramente creen que no están pecando.

Segundo, las autoridades de la Iglesia aconsejan a católicos en matrimonios de este tipo a permanecer juntos, a asistir a misa, a orar y demás.

Tercero, las autoridades de la Iglesia dicen a personas en matrimonios de este tipo que pueden vivir como hermano y hermana. ¡Sin embargo, las autoridades de la Iglesia también enseñan que la ausencia de relaciones sexuales puede destruir un matrimonio!

Cuarto; el prohibir que los católicos en segundos matrimonios irregulares participen de la Eucaristía convierte el fracaso del primer matrimonio en un pecado imperdonable, peor aún que un asesinato, el cual la Iglesia no lo considera totalmente imperdonable.

Quinto; la Iglesia actualmente considera que el sistema de tribunales de matrimonio es apropiado cuando en realidad no lo es.

Las soluciones de conciencia cada vez tienen más aceptación. En 1972 la Sociedad Teológica de América recomendó que a las personas que creyeran que sus primeros matrimonios no fueron verdaderamente una "alianza", aunque no pudieran probarlo en un tribunal, se les permitiera formar un segundo matrimonio y participar en los sacramentos si ya estaban casados de nuevo.

En 1975 la Federación Nacional de Concilios de Sacerdotes resolvió que se abandone la práctica de prohibir la participación en la Eucaristía cuando los interesados han demostrado en sus vidas un sincero deseo de participar completamente en la vida de la Iglesia. Debe prestarse más atención al mandato de la conciencia.

En un informe de la Sociedad Norteamericana de Derecho Canónico se discutía que el permitir que los católicos divorciados y casados de nuevo participen de la Eucaristía. "No es cuestión de decir que un matrimonio aprobado y consumado ya no es indisoluble o que el adulterio no sea ni reprensible ni digno de censura. No hace falta transigir en estos puntos. La cuestión es ver si dentro del marco de la disciplina canónica presente, el bien del individuo y el bien de la Iglesia se pueden reconciliar mejor. Si la Iglesia ha de aparecer como una verdadera comunidad de reconciliación, es de esperarse una respuesta afirmativa por parte de ella".

37

La sociedad de Derecho Canónico recomienda que los católicos en segundos matrimonios irregulares reúnan estos requisitos antes de permitirles que participen de los sacramentos.

El primer matrimonio debe haber terminado irremediablemente sin que quede ninguna posibilidad de reconciliación. La cuestión clave es asegurarse de que los cónyuges del primer matrimonio lo consideren perdido. Un divorcio no litigado, o en el que una de las partes se niegue a reconciliarse, o las nuevas obligaciones con los hijos del segundo matrimonio por parte de cualquiera de los cónyuges generalmente son suficiente prueba de que el primer matrimonio ya no existe.

Deben aceptarse y desempeñarse las obligaciones que se adquirieron en el primer matrimonio. Esto se divide en tres partes: primero, adecuada guarda y custodia de los hijos, ayuda económica, división de bienes y cumplimiento de las disposiciones del tribunal en estas áreas; segundo, el cónyuge que desee obtener la anulación debe reconocer su responsabilidad en la ruptura del primer matrimonio; tercero, dicha persona debe demostrar con hechos que ha aprendido algo y que el segundo matrimonio tiene probabilidades de tener éxito.

Las obligaciones que provienen de la unión actual deben aceptarse y desempeñarse con responsabilidad. Las parejas en un segundo matrimonio deben demostrar que tienen intenciones de formar un matrimonio verdadero y permanente. La presencia de hijos o la estabilidad del matrimonio con el paso del tiempo son buenos indicios de estas intenciones; pero ninguno de estos indicios deben imponerse como requisitos para la participación en los sacramentos.

Las parejas deben demostrar interés en llevar una vida cristiana dentro de la comunidad de la Iglesia. El hecho de que una pareja desee participar de los sacramentos es un buen indicio de que los cónyuges desean ser parte de la comunidad.

Si uno de los cónyuges no es católico o está alejado de la Iglesia se debe tratar el matrimonio como se trata a cualquier matrimonio mixto (de un católico y un no-católico). El cónyuge católico debe prometer que va a conservar su fe y que va a hacer todo lo que sea posible para que sus hijos sean católicos.

Otras importantes declaraciones han apoyado las solución de conciencia. En el 1976 los senados de sacerdotes de seis diócesis, Baltimore, Maryland, Washington, D.C., Wilmington, Delaware, Wheeling, West Virginia, Las diócesis de Arlington y Richmond, en Virginia, demandaron la abolición de los tribunales de matrimonio y la libertad de participación en los sacramentos para los divorciados y los casados de nuevo.

Durante la Conferencia de Llamada a la Acción de 1976, en la sesión final del programa de los obispos en celebración del bicentenario de los Estados Unidos, se instó a los obispos a tratar en público la cuestión de los sacramentos y a abolir la excomunión para los católicos divorciados y casados de nuevo. Esta conferencia fue dirigida por personas que trabajaban en la Iglesia, y fue un factor importante en la decisión de los obispos de solicitar esta abolición al año siguiente.

En septiembre de 1977 la Junta Nacional de Caridades Católicas urgió a los obispos a declarar públicamente que los católicos divorciados y casados de nuevo "pueden participar de los sacramentos bajo ciertas condiciones y después de haberse aconsejado debidamente con un sacerdote".

Quizás el momento decisivo en la intervención de los obispos en el problema de las soluciones de conciencia fue la aparición de un reporte confidencial sobre el divorcio publicado por el Comité de Investigaciones y Prácticas Pastorales, un grupo de obispos encabezado por el Obispo James Hickey de Cleveland. Por ser de índole técnica y delicada, este reporte se facilitaba a los obispos solamente. El Obispo Hickey dio una conferencia para sacerdotes basándose en dicho reporte, y las copias del manuscrito de esa conferencia no se facilitan a nadie, excepto a los obispos y sacerdotes que las solicitan.

La ciudad de Cleveland se ha convertido en uno de los centros principales del ministerio para católicos divorciados, y divorciados casados de nuevo. Se ha asignado a un sacerdote a que dedique toda su labor a ese ministerio y a servir de coordinador entre los grupos de católicos divorciados. Nos referimos al Padre Cornelius Murray, quien trabaja bajo la dirección del Obispo Gilbert Sheldon, director de la Oficina diocesana de Vida Familiar. Cleveland ha reforzado su tribunal, y aunque la diócesis anima a la gente a servirse de los tribunales lo más que puedan, también apoya el uso del foro interno cuando el tribunal no puede llegar a un fallo.

Muchas personas creen que el método de solución de conciencia no tiene mucho alcance. Kelleher cree que la Iglesia debería atestar los divorcios de la misma manera que atesta los matrimonios.

El Padre Charles E. Curran, teólogo moral de la Universidad Católica de América, cree que la Iglesia debe seguir enseñando que la indisolubilidad es lo ideal, pero reconociendo que en muchos casos este ideal no se puede alcanzar.

Curran cree que el uso de la solución de conciencia ayuda a la Iglesia a desplazarse en esta dirección. También explica que este método con frecuencia confunde las diferencias entre los dos tipos de casos. En uno, la persona considera que el primer matrimonio fue inválido aunque no pueda probarlo en el tribunal. En el segundo caso, la persona reconoce que el primer matrimonio fue válido, aunque ahora lo considere inexistente. Las personas que se encuentran en estas dos situaciones ahora pueden participar de los sacramentos, de acuerdo con el Padre Curran, y esto se debe en parte a que algunos sacerdotes no entienden cuál es la diferencia entre los dos ejemplos y en parte a que algunos sacerdotes se esfuerzan por ignorarlo.

Pero ni Curran ni Kelleher, ni la mayoría de los que quieren que la Iglesia reconozca el divorcio a la ligera. El Padre Young lo explica muy bien. ''Una de las cosas más importantes que hemos notado en los católicos divorciados son sus deseos de seguir siendo católicos. No es como la reacción miedosa por acondicionamiento negativo de un católico antes del Segundo Concilio Vaticano. Estamos cumpliendo con una necesidad muy humana del creyente: desear permanecer en la comunidad de fe que ha servido de marco a toda su vida''.

Más
vale precaver

Sonia tiene 17 años de edad. Hacía varios meses que era novia de Rubén, de 18 años de edad. Cuando Sonia descubrió que estaba encinta, habló con Rubén y decidieron casarse por el hijo que venía. Sus padres estaban de acuerdo y fueron a ver al sacerdote para hacer los arreglos para la boda. El párroco accedió a casarlos lo más pronto posible para que Sonia y Rubén estuvieran casados el mayor tiempo posible antes de la llegada del bebé. Nos preguntamos. . . ¿está bien o mal?

Esto es lo que un sacerdote hubiera hecho hace 10 o 20 años. Hoy es más probable que el párroco demore la boda por todos los medios, aún hasta después del nacimiento del bebé si fuera necesario, para cerciorarse de que Sonia y Rubén quieren realmente casarse y comprenden las responsabilidades que ello implica. De no ser así, con el mismo ahinco el sacerdote tratará de disuadirlos.

Quizás no haya nada que ilustre más dramáticamente las nuevas actitudes que están emergiendo en la Iglesia respecto al matrimonio y el divorcio que tales incidentes. La Iglesia se ha dado cuenta que quizás la mejor forma de prevenir la ruptura del matrimonio y el trauma que esto causa es evitar que hayan malos matrimonios desde un comienzo. Los matrimonios de adolescentes que se precipitan a casarse porque la novia está encinta, generalmente están destinados al fracaso.

La Iglesia empezó a preocuparse por la prevención del divorcio al verse obligada a enfrentarse a la realidad de millones de católicos divorciados.

Pero una cuestión tan importante como la prevención del divorcio no puede examinarse aisladamente, según nos dice el Padre Donald Conroy, director de la Oficina de Vida Familiar de la Junta Católica de los Estados Unidos. Para el Padre Conroy, la ayuda al divorciado y la prevención del divorcio son parte de un nuevo enfoque que él llama "ministerio total de la familia" que trata de cumplir con las necesidades de cualquier familia en cada etapa de su evolución.

El primer elemento de mayor importancia en el ministerio total de la familia es la preparación para el matrimonio, según Conroy, quien contó con la participación de 91 de las 160 diócesis estadounidenses en una encuesta que hizo y descubrió que el 85% tiene (o está implantando) un sistema o plan de acción matrimonial común a todas las diócesis para hacer todo lo posible para que las parejas vayan al matrimonio bien preparadas. Muchos de estos programas son para adolescentes sólo, aunque hay otros que trabajan con toda clase de matrimonios.

En general, este nuevo programa requiere una serie de reuniones, consultas e instrucciones para la pareja. Su propósito es ayudar a las parejas a comprender los dos componentes del matrimonio; el práctico y el espiritual. Para Conroy el programa adoptado por las diócesis católicas del estado de Wisconsin constituye un buen ejemplo de este plan de acción. El proceso se divide en tres partes: un proceso de evaluación, un programa de instrucción y el programa litúrgico.

La pareja que desea casarse se pone en contacto con un sacerdote, casi siempre el párroco de la mujer. El proceso de evaluación consiste de dos reuniones de la pareja con el sacerdote que realizará la boda. Se requiere un período mínimo de cuatro meses de espera entre el primer contacto con el sacerdote y la boda.

En la primera reunión, el sacerdote explica en qué consiste el programa de preparación para el matrimonio, haciendo énfasis en todo lo positivo que tiene, calma las inquietudes de la pareja y responde a sus preguntas. Luego el sacerdote le da a la pareja un examen de reconocimiento pre-matrimonial (en inglés se llama *Pre-Marital Inventory Test*) con más de 100 preguntas sobre varios aspectos del matrimonio: la administración del dinero, la comunicación entre cónyuges, las relaciones con los suegros, las relaciones sexuales, los hijos, el planeamiento de la familia, etc. En este examen no se recibe calificación, sino es solamente una forma más de ayudar a la pareja a ver los puntos en que están de acuerdo, los puntos en que *no* están de acuerdo, los que pueden causar conflictos en el futuro, así como las virtudes y las debilidades que poseen. El sacerdote, o la oficina diocesana de Vida

Familiar, revisa el examen y se discute el resultado con la pareja durante la segunda reunión.

Después de la segunda reunión, el sacerdote tiene que decidir si va a aconsejar a la pareja a señalar la fecha de la boda y pasar al programa de instrucción o a posponer la boda, (por ley canónica, la Iglesia no puede negarse rotundamente a casar a la pareja; solamente puede demorar la boda por alguna razón justificada).

El procedimiento del estado de Wisconsin señala cinco razones por las que se puede demorar un matrimonio:

• si los novios son católicos no practicantes y no tienen intención de regresar a la Iglesia.

• si los novios tienen poco aprecio por los aspectos espirituales y sacramentales del matrimonio, así como por el carácter permanente de la unión, la fidelidad conyugal y la sinceridad con los hijos.

• si los novios no están preparados para el matrimonio, ya sea por inmadurez propia o porque se quieren casar debido a lo insistencia de los padres, o "el qué dirá la gente".

• si la pareja va a estar separada por largo tiempo después de la boda. Las parejas que se casan bajo estas circunstancias tienen un porcentaje de divorcios muy alto.

• si la pareja se niega a participar en algún aspecto del programa.

Cuando el sacerdote recomienda que la boda se posponga, a continuación prescribe un programa para remediar el problema que ha causado la demora. Este programa puede ser de orientación o simplemente dejar que el tiempo pase para que la pareja resuelva el problema por sí sola.

Las normas del estado de Wisconsin instan a los sacerdotes a evitar que casen a parejas que incluyan a alguna persona menor de 19 años de edad. Los sacerdotes trabajan con las parejas de jóvenes, sus padres, y los consejeros para prepararlos para el matrimonio de la mejor forma posible.

Cuando la novia está encinta, especialmente si tiene menos de 21 años de edad, el sacerdote aplazará la boda hasta que la pareja haya examinado los motivos por los que se quiere casar y haya examinado otras soluciones aparte del matrimonio. Si los novios tienen menos de 21 años de edad, los padres también participan en las discusiones.

Cuando el sacerdote ve que la pareja está preparada para el matrimonio, el programa de instrucción empieza. La pareja tiene la opción de participar en un programa oficial o simplemente hablar con un sacerdote o un matrimonio preparado para dar este tipo de orientación. El programa de instrucción hace énfasis en que uno se conozca a sí mismo, en el saber comunicarse, en la sensualidad y en el carácter sacramental del matrimonio. Después que los novios pasan por este programa es que empiezan a planear la liturgia de la boda.

Las nuevas normas de preparación matrimonial y de evaluación representan un buen comienzo, pero no cabe duda que hay que hacer más. Conroy señala que debe crearse un proceso de instrucción matrimonial especial para personas que van a casarse por segunda vez, ya que ellos se enfrentan a distintos problemas de adaptación y tienen un punto de vista diferente al del promedio de los recién casados. En Otawa, Canadá, existe un programa que prepara a los católicos para el segundo matrimonio, pero en los Estados Unidos no existe ninguno.

Según el Padre Joseph Perry, que trabaja con el tribunal de matrimonio y la Oficina de Vida Familiar de Milwaukee, los programas de preparación matrimonial por sí solos no pueden resolver el problema del divorcio. Perry, en un artículo en el periódico *The Living Light* de la Junta Nacional de Educación Religiosa, calcula que el promedio de los tribunales metropolitanos sólo procesa de 300 a 500 evaluaciones de matrimonios de adolescentes al año. De los casos a los que se les recomienda que se aconsejen con un profesional, del 25 al 30 por ciento abandonan el programa y acaban por casarse en una ceremonia civil o protestante, Pero añade que de estas parejas, el 20% tarde o temprano repiten la ceremonia en la Iglesia Católica.

El problema fundamental, según Perry, es que la mayoría de las parejas que quieren casarse desde un comienzo no fueron instruídas como es debido respecto al matrimonio. Puede que el proceso de evaluación demore la formación de un matrimonio demasiado pronto o resuelva problemas existentes, pero no puede compensar por la falta de instrucción sobre la vida familiar a lo largo de toda una vida.

Perry señala que la diócesis de Youngtown, Ohio, la primera en tener un proceso de evaluación pre-matrimonial, lo estableció en 1969 y tendrán que pasar muchos años antes de saber si ciertamente estos programas han reducido el porcentaje de divorcios entre los que participan en ellos. Perry cree que lo mejor de estos programas es que hacen que los creyentes despierten a un nuevo entendimiento de la importancia que la Iglesia da al matrimonio.

El segundo proyecto de prevención del divorcio después del de preparación matrimonial es el del desarrollo del matrimonio, según expresa el Padre Conroy. "Los matrimonios pasan por etapas de crecimiento y crisis, y una crisis no tiene por qué ser siempre presagio de ruptura. Al igual que el individuo, la familia pasa por distintos períodos. Esto es muy normal. Es importante que las parejas entiendan esto y se den cuenta que otros están pasando por lo mismo. Muchas personas al enfrentarse a un problema creen que son los únicos que se encuentran en esa situación.

Según Conroy, en el matrimonio hay dos grandes momentos de crisis en que se aumentan las posibilidades de divorcio: El primero ocurre cuando aparece la desilusión después de dos años de casados y ya se ha acabado la novedad. El segundo ocurre cuando el último hijo se marcha del hogar paterno y la pareja, de edad mediada, se queda con el nido vacío.

Estas dos situaciones no son las únicas crisis con las que se enfrentan los matrimonios hoy en día. Hay problemas cuando la esposa (ya sea joven, de edad mediana o madura) empieza a rechazar el papel tradicional de ama de casa para continuar sus estudios, trabajar fuera del hogar o participar más en los asuntos de la comunidad. Muchas mujeres no saben cómo actuar cuando adoptan estos cambios, y muchos hombres se amilanan.

No todo el mundo necesita de un foro organizado para tratar las crisis matrimoniales aunque mucha gente se haya beneficiado de los mismos. Conroy elogia el programa de enriquecimiento del matrimonio que funciona en grupos, y el ministerio "de pareja a pareja", que prepara a parejas para que ayuden a otras.

Muchos matrimonios han recibido ayuda de los Encuentros Matrimoniales, un movimiento que está creciendo. Este programa funciona de esta manera: un sacerdote y un matrimonio dirigen un retiro de fin de semana para matrimonios. Los directores presentan un tema a discutir y responden a preguntas, mientras que los cónyuges procuran practicar la comunicación entre uno y otro.

Una crisis que indudablemente requiere atención especial es la decisión de separarse o divorciarse. El divorcio es tan aceptable en nuestra sociedad que las personas y las instituciones con demasiado frecuencia hacen muy poco por tratar de reconciliar a los cónyuges.

Por ejemplo, como dice el Padre John Furtmann, exdirector del programa de Vida Familiar de Milwaukee, "En el pasado, los lazos de familia eran más fuertes. Ahora muchas parejas jóvenes nunca han vivido cerca de sus familiares, especialmente de los abuelos, que podrían enseñarles y aconsejarlos. En el pasado el último recurso era el abogado. Ahora las parejas empiezan con el abogado".

El Padre Thomas Green de la Universidad Católica señala que algunos tribunales de matrimonio tratan de reconciliar a las parejas que solicitan la anulación. La Junta Católica de Pennsylvania apoya el fortalecimiento de los tribunales civiles de reconciliación.

> Para nosotros el divorcio *sin culpa* por consentimiento mutuo no es un bien, sino un mal menor que la situación actual en que se otorgan divorcios consensuales usando razones inventadas y adversas. Si los tribunales no hacen por lograr una reconciliación, o asegurarse de que el matrimonio está irremediablemente destruído y simplemente secundan los mutuos impulsos de divorcio, no se va a lograr nada. Una disolución frívola por cualquier clase de ley sólo puede acarrear más trastornos en la vida familiar y por consiguiente contribuir al debilitamiento de la sociedad.

Las familias no sólo necesitan de apoyo especial; también necesitan de apoyo en la vida diaria. Es una ironía que los católicos divorciados afirman; que sus parroquias están orientadas hacia las familias intactas.

Muchas familias se quejan de que sus parroquias no les brindan el apoyo que tanto necesitan. Este apoyo podría ser algo así como una guardería infantil y ayuda para padres jóvenes. Olga, una católica divorciada dice, "Es sorprendente ver el número de mujeres jóvenes divorciadas que dicen, "Todo andaba bien hasta que llegó el niño". Es sorprendente ver por cuánto se pueden reducir los problemas de la familia con algo tan simple como tener a alguien que nos ayude a vigilar y cuidar a los niños.

Algunas personas que trabajan en el ministerio para los católicos divorciados sugieren que cada parroquia deberá tener consejeros para problemas matrimoniales, un mejor programa de instrucción sobre asuntos familiares para el clero, y actividades o programas que ayuden a la familia a echar raíces en una sociedad que cada vez es más movible.

Los líderes de la Iglesia han apoyado enérgicamente reformas como la eliminación del desempleo, mejoras en el programa de seguro social, guarderías, seguro de salud nacional, menos impuestos, y el desarrollo de la comunidad como factor imprescindible para una vida familiar sana.

En una época en que la gente está descontenta con instituciones que continuamente califican de insensibles, la reacción de la comunidad católica ante la explosión del divorcio ha sido extraordinaria—en particular en la manera con que la Iglesia había actuado con respecto al divorcio durante siglos. Entonces sí parece apropiado que terminemos con una nota optimista, y no tenemos que ir muy lejos para encontrarnos con muchas razones para sentirnos optimistas.

Para comenzar, se dice que las nuevas actitudes de la sociedad han convertido a nuestra era en la primera época en que la gente se casa y continúa casada por amor solamente—y eso como "nueva tendencia" ¡no está mal!

Segundo, el alto porcentaje de divorcios que existe hoy en día está acompañado por un alto porcentaje de segundos matrimonios. Puede ser que la gente fracase en sus matrimonios, pero no ha perdido la fe en el matrimonio como institución. De la misma manera, los católicos divorciados no quieren que la Iglesia deje de enseñar que el matrimonio es indisoluble.

Una tercera razón para que seamos optimistas es la manera en que tantos católicos separados y divorciados se reponen de sus problemas y construyen una nueva vida, a veces hasta mejor para sus familias y ellos mismos.

Finalmente, el estudio de la ruptura de los matrimonios ha ayudado enormemente a decidir qué clase de apoyo y ayuda se necesitan para prevenir el divorcio y fortalecer la vida familiar.

El cuadro que aquí se ha descrito no es todo color de rosa, esto es evidente. Queda mucho por hacer. Los católicos que se separan o se divorcian siempre verán que no es fácil ser un católico separado o divorciado, pero descubrirán que sí es posible vivir como miembros de la comunidad de la Iglesia, con dignidad y esperanza.